AF250774

PIECES

RELATIVES

A LA SAISIE DE LETTRES

ET DE PAPIERS

DANS LE DOMICILE

DE MM. GOYET ET PASQUIER.

IMPRIMERIE DE PLASSAN, RUE DE VAUGIRARD, N° 15.

PIÈCES

RELATIVES

A LA SAISIE DE LETTRES

ET DE PAPIERS

DANS LE DOMICILE

DE MM. GOYET ET PASQUIER,

L'UN JUGE ET L'AUTRE AGRÉÉ

AU TRIBUNAL DE COMMERCE DU MANS,

AVEC

QUELQUES RÉFLEXIONS

SUR LA DIRECTION DE LA POLICE GÉNÉRALE.

PAR M. BENJAMIN CONSTANT,

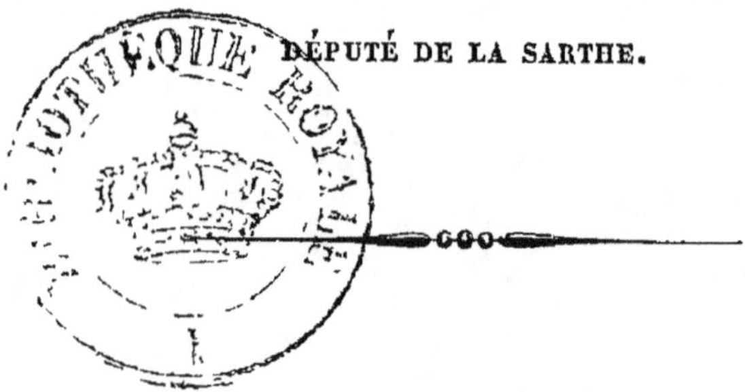

DÉPUTÉ DE LA SARTHE.

PARIS,

CHEZ LES MARCHANDS DE NOUVEAUTÉS.

1820.

PIÈCES

RELATIVES,

A LA SAISIE DE LETTRES

ET DE PAPIERS

DANS LE DOMICILE

DE MM. GOYET ET PASQUIER.

———

Les journaux officiels ont épuisé toute la dia-
lectique de leurs rédacteurs pour tromper la
France sur l'illégalité de la saisie ordonnée au
Mans, par M. le directeur général de la police.
Le discours d'un ministre à la tribune, deux
articles dans *le Moniteur*, trois dissertations
dans *le Journal de Paris*, ont à l'envi dénaturé
des faits attestés par des témoins nombreux et
irrécusables. La censure étant là pour protéger
ces altérations, le pouvoir a cru qu'il en serait
des actes arbitraires commis dans la Sarthe,
comme des troubles de Paris. L'éloignement
même semblait favoriser cet espoir. Il paraissait facile d'en imposer sur ce qui s'était passé

à cinquante lieues : malheureusement, la vérité subsistait; des renseignemens sont arrivés, et le succès ne sera que passager.

Démontrer que M. le directeur général de la police a violé les lois, et que ses apologistes se sont écartés de la vérité; prouver que les actes ont été coupables et les récits infidèles, tel est le but que je me propose. Pour l'atteindre, je ne m'épuiserai point en longs raisonnemens. De peur qu'on ne m'accuse d'altérer les assertions que je veux réfuter, je commencerai par les transcrire, et j'y répondrai par des faits constatés, des textes précis, des pièces authentiques.

Extrait de mes assertions à la tribune.

J'avais affirmé à la tribune, le 27 juin, que les lettres des quatre députés de la Sarthe avaient été enlevées par un agent, se disant officier de paix, et sur un ordre signé *Mounier,* chez des personnes qu'on avait, en ne les arrêtant pas, reconnues n'être pas suspectes; que ces lettres avaient été séparées d'autres papiers, parce qu'on n'en voulait qu'à elles seules; qu'elles avaient été parcourues par l'a-

gent porteur de la commission signée *Mounier;* que cet agent avait l'ordre de les transporter à Paris ; que la chambre civile du Mans
avait ordonné qu'elles resteraient déposées au
greffe; que ces lettres, examinées précédem-
ment par un agent de l'autorité locale, avaient
été trouvées parfaitement innocentes, et remises à leurs propriétaires; que l'observation
en ayant été faite à l'agent porteur de la commission signée *Mounier,* celui-ci avait répondu : que l'agent sarthois n'avait eu l'ordre de
saisir que les correspondances séditieuses; et
qu'aucune n'étant séditieuse, il avait dû les
respecter; mais que lui, agent parisien, avait
l'ordre de saisir toutes les correspondances
politiques, c'est-à-dire toutes les lettres où il
était question de politique indistinctement.
J'avais ajouté que l'autorité judiciaire n'avait
été que spectatrice; que c'était l'agent porteur de la commission signée *Mounier,* qui avait
parcouru toutes les lettres; que c'était une violation de tous les secrets, de toutes les sécu-
rités des familles, une atteinte aux principes
consacrés par notre législation, et j'avais demandé à la chambre d'aviser aux moyens d'ob-
tenir justice.

La première réponse opposée à mes assertions fut celle du ministre des finances, et
bien qu'elle contienne beaucoup de choses
étrangères à la question, je n'en retranche pas
une ligne.

Réponse de M. le ministre des finances.

« Depuis quelque temps, dit ce ministre,
» nous voyons porter à la tribune des motions
» d'ordre que le règlement de la chambre in-
» terdit, et dont le résultat, je ne dis pas le
» but, est de porter le trouble dans vos déli-
» bérations, et peut-être dans toute la société.
» Je dis le résultat, je n'ai pas dit l'objet : je
» n'ai pas connaissance des faits dont on vient
» de vous entretenir; et par conséquent il m'est
» impossible de vous donner des éclaircisse-
» mens positifs; peut-être même, si j'avais cette
» connaissance, ce serait un motif de plus pour
» ne pas vous donner en ce moment ces mêmes
» éclaircissemens; mais, messieurs, vous ne pou-
» vez douter que de grandes manœuvres n'aient
» été pratiquées, dans ces derniers temps, dans
» toute la France; vous ne pouvez douter que
» la justice n'ait été éveillée, qu'elle ne recherche

» partout les fils de ces manœuvres. Il serait
» possible que dans le département de la Sarthe,
» comme dans d'autres départemens, on en
» cherchât les preuves. Je n'en sais rien; je ne
» fais que raisonner sur des menées dont les
» résultats auraient paru criminels. Si des for-
» mes illégales ont été employées, si des agens
» sans caractère ont fait des recherches arbi-
» traires, tendant à violer le secret des lettres,
» ils peuvent être poursuivis : l'action en res-
» ponsabilité existe contre les agens supérieurs
» qui pourraient les avoir ordonnées; mais s'il
» ne s'agit ici que de mesures judiciaires et
» légales, je ne crois pas qu'aucun citoyen,
» fût-il même député, pût prétendre se sous-
» traire aux recherches de la justice.

» Je ne vous présente que des observations
» générales, dont le but est uniquement de vous
» faire sentir qu'une telle discussion ne peut
» être portée devant la chambre. Il est impos-
» sible qu'elle s'en occupe; et quand ceux des
» ministres du Roi qui auraient prescrit les
» mesures qu'on vous dénonce, seraient là pour
» répondre, ils ne le pourraient pas, parce
» que vous n'êtes pas compétens pour enten-
» dre de telles dénonciations; car si une action

» en responsabilité doit être exercée, elle est sou-
» mise à des formes et à des lois. Elle ne peut
» être ainsi portée intempestivement devant
» vous, sans répandre le trouble dans votre dé-
» libération.

 » En effet, messieurs, est-il possible que ce
» soit au milieu de la discussion du budget et
» à l'occasion de la cour des comptes, que de
» telles dénonciations vous soient apportées?
» Elles sont essentiellement étrangères aux
» questions dont vous vous occupez; il est im-
» possible que vous les entendiez, et que des
» éclaircissemens soient donnés, même lorsque
» les faits, qui ne sont garantis par rien, seraient
» prouvés.

 » Dans cette position, j'attendrai pour répon-
» dre aux observations qui ont été présentées
» sur la cour des comptes, que vous ayez dé-
» cidé si, contre votre règlement, il est possible
» que vous suspendiez votre délibération sur
» les dépenses de l'état. »

Cette réponse, comme on le voit, n'est nul-
lement une réfutation de mes assertions. Je n'en
fais point un tort au ministre. Il ignorait l'existence, la nature, les motifs des mesures prises
dans la Sarthe. Il ne pouvait donc opposer aux

faits que je dénonçais que des conjectures. Il y a toutefois dans ses paroles des choses qui méritent examen.

« Vous ne pouvez douter, dit-il, que de gran-
» des manœuvres n'aient été pratiquées, dans
» ces derniers temps, dans toute la France. Vous
» ne pouvez douter que la justice n'ait été éveil-
» lée, qu'elle ne recherche partout les fils de
» ces manœuvres. »

Ceci nous ramène aux accusations dirigées le 5 juin par un ministre contre les hommes qui, le 3, avaient couru risque de la vie. Je suis bien aise de cette occasion pour m'expliquer enfin sur ces accusations si étrangement portées à la tribune, et demeurées depuis sans preuve et sans effet.

Il y a deux hommes qui paraissent croire que l'inviolabilité de la tribune va jusqu'à dispenser les orateurs de prouver ce qu'ils avancent. Ce système mettrait à la merci de chaque député, la réputation, l'honneur, la tranquillité de tous les individus, et même de tous les départemens de la France. Ces deux hommes sont le député dénonciateur de M. de Cazes et le ministre dénonciateur d'un certain nombre de députés.

Je n'ai rien à dire dans ce moment sur la conduite du premier; mais j'ai droit de relever celle du second, parce que ses expressions et les commentaires des journaux ministériels ont manifestement eu pour but d'inculper les membres de la chambre avec lesquels je fais gloire de voter.

Je dirai donc à ce ministre et à M. le ministre des finances que rien n'est moins loyal, moins régulier, moins parlementaire que de pareilles inculpations; que si des soupçons existent contre des députés dans l'esprit des ministres, leur devoir est de demander aux chambres l'autorisation de faire juger ces députés suspects; que les dénoncer à la nation et à l'Europe, sans les faire juger, est une véritable prévarication, une prévarication contre eux s'ils sont innoçens, une prévarication contre la sûreté de l'état s'ils sont coupables; que si, par hasard, le but véritable était de les priver de la garantie que la charte leur a assurée, en attendant la séparation des chambres pour les attaquer, quand l'autorisation voulue par la charte ne pourrait plus être demandée, il y aurait une troisième prévarication, une prévarication contre la charte. La

charte a ordonné que les députés soupçonnés
durant la session auraient le bénéfice d'un examen préalable fait par leurs collègues : éluder
cet examen, en ajournant l'accusation, c'est
tromper le vœu de la charte, c'est porter atteinte à l'indépendance des députés, c'est prétendre leur faire voter les lois qu'on leur demande, en leur présentant la perspective de
la poursuite et de la persécution. Je sais que
dans le cas dont il s'agit, cette perspective n'a
eu d'influence ni sur mes amis ni sur moi.
Nous étions trop forts de notre complète et
manifeste innocence : mais c'est un précédent
détestable, et MM. les ministres, en se per-
mettant de telles inculpations, ont blessé dans
sa racine le gouvernement représentatif.

Si je voulais m'occuper des autres accusations insérées dans deux articles du *Moniteur*
sur les troubles de Paris, articles bien et dû-
ment officiels, puisque la réimpression dans
tous les journaux en a été ordonnée, mes raisonnemens auraient bien plus de force. Ces
articles, inexacts d'un bout à l'autre, sont un
tissu de suppositions et d'assertions fausses,
tendant à justifier les agresseurs et à incrimi-
ner les victimes.

Ces pages seront, je l'espère, imprimées et distribuées avant la fin de cette session; je déclare donc à tous mes collègues qu'il est du devoir des ministres d'entretenir la chambre des prétendues manœuvres ou conspirations qu'ils ont dénoncées. Ils le doivent à la sûreté du trône, s'il y a eu projet d'ébranler le trône; ils le doivent à la vérité, s'il y a eu quelque vérité dans ces assertions; ils le doivent à leurs collègues, si toutefois ils se reconnaissent quelques devoirs envers des hommes qui, après avoir trouvé des assassins sur les places publiques, ont trouvé à la tribune les dépositaires du pouvoir pour dénonciateurs.

« Il est possible, continue le ministre des » finances, qu'on cherchât dans le département » de la Sarthe les preuves des manœu- » vres pratiquées dans toute la France. » Ici le procureur du roi répondra pour moi : « Depuis plus de six mois, » a dit ce magistrat, s'adressant aux jurés à la fin de la session, » il n'a été commis dans ce département aucun » délit politique, ni proféré aucun cri séditieux. » La plus grande tranquillité n'a cessé d'y ré- » gner, preuve non équivoque du bon esprit » qui anime les généreux Sarthois, gage certain

» de leur fidélité et de leur ardent désir de l'u-
» nion et de la paix. » (Bulletin de la cour d'as-
sises de la Sarthe.)

« Si des formes illégales ont été employées, »
ajoute le ministre, » l'action en responsabilité
» existe contre les agens supérieurs qui pour-
» raient les avoir ordonnées. » Dans le cas dé-
noncé, c'était précisément le contraire : des
formes illégales avaient été employées; mais
l'agent supérieur qui les avait ordonnées, avait
des moyens multipliés de se soustraire à la
responsabilité. En sa qualité de directeur général de la police, il n'était pas responsable
envers les chambres; soumis au ministre de
l'intérieur, il n'avait néanmoins pas engagé la
responsabilité de ce dernier, qui n'avait signé
aucun ordre; comme agent du pouvoir, le signataire ne pouvait être poursuivi qu'avec l'a-
grément du conseil d'état; enfin, comme pair,
il pouvait opposer aux poursuites l'inviolabilité de la pairie. Jamais réunion plus mons-
trueuse n'avait paru être combinée pour as-
surer l'impunité.

« S'il ne s'agit que de mesures judiciaires
» et légales, poursuit l'orateur, je ne crois pas
» qu'aucun citoyen, fût-il même député, pût

» prétendre se soustraire aux recherches de la
» justice » : et qui donc veut s'y soustraire, et
d'où vient cette injurieuse insinuation? Nous
les réclamons ces recherches, nous les réclamons contre les assertions des ministres; on
s'obstine à se taire, et l'on nous accuse, en
nous refusant tout examen, de prétendre nous
y dérober !

« De telles discussions, dit enfin le minis-
» tre, en terminant sa réponse, ne peuvent être
» portées devant la chambre. Ces dénonciations
» lui sont essentiellement étrangères. » D'après
cette théorie, et l'interprétation que l'on donne
au règlement, je demanderai quels sont les
moyens des chambres pour protéger les citoyens ou pour se protéger elles - mêmes? La
publicité est étouffée : on veut fermer la tribune. Des députés sont menacés : on les accuse, au lieu de les garantir. Les droits des citoyens sont violés : on prétend que cette violation est étrangère aux chambres. Ainsi la calomnie vient au secours des violences, et le silence est l'auxiliaire de la vexation.

La seconde tentative du pouvoir pour atté-
nuer les faits que j'avais dénoncés à la tribune,
fut un article inséré dans *le Moniteur* du 29

juin : cet article devait être plus détaillé, plus exact, mieux fourni de preuves que le discours du ministre, qui avait déclaré ne rien savoir. Je rapporterai cet article textuellement; j'y ajouterai quelques observations; et l'on verra qui du rédacteur ministériel ou de moi mérite la confiance.

Article du Moniteur du 29 juin.

« Un député a cru devoir, dans la séance
» d'hier, interrompre la discussion du budget,
» pour appeler l'attention de la chambre sur
» une saisie de papiers faite chez un particu-
» lier du département de la Sarthe. Il paraît
» qu'il a reçu des renseignemens fort inexacts
» à cet égard : nous croyons qu'il est utile de
» rétablir les faits.

» Comme l'a dit un des ministres du roi
» présent à la séance, on ne peut douter que
» des manœuvres n'aient été pratiquées sur dif-
» férens points de la France; on ne peut dou-
» ter que la justice n'en recherche partout le
fil. Au commencement de ce mois, l'autorité
» judiciaire procéda à une perquisition au do-
» micile du sieur Goyet, qui habite au Mans.
» Depuis, par suite de différens renseignemens

» recueillis, le ministre de la justice, qui, d'a-
» près nos lois, doit diriger l'action de la jus-
» tice pour découvrir les auteurs des délits, et
» qui doit porter une attention plus particu-
» lière aux machinations qu'on croirait avoir
» été formées contre la sûreté de l'état, fit con-
» naître au procureur du roi qu'il paraissait
» convenable de procéder à de nouvelles re-
» cherches chez le sieur Goyet et chez deux
» autres particuliers de la même ville. En con-
» séquence, une perquisition a été ordonnée,
» sur la réquisition du ministère public, par le
» juge d'instruction : un officier de paix, en-
» voyé par M. le directeur général de la police
» pour être à la disposition du procureur du
» roi dans le cours de la visite des papiers, a
» en effet assisté à cette opération. Ces papiers
» ont été saisis, et sont entre les mains de la
» justice.

» Tel est le récit de ce qui s'est passé : au-
» cun mandat, aucun ordre n'a été donné par
» M. le directeur général de la police; tout a
» été fait par l'autorité de la justice, et l'inter-
» vention de la police n'a eu pour objet que de
» seconder son action. Les reproches qui ont
» été adressés au gouvernement sont donc sans

» fondement; celui de la violation du secret
» des lettres n'a pas même un prétexte. Il ne
» s'agit ici ni de lettres interceptées, ni de let-
» tres décachetées; et si des lettres ont été sai-
» sies, c'étaient apparemment des lettres ou-
» vertes, qui ont pu être saisies, comme le sont
» chaque jour celles qui se trouvent dans les
» papiers dont la saisie doit servir à éclairer la
» marche de la justice. »

On voit qu'ainsi que je l'avais annoncé, l'article du *Moniteur* est moins vague que le discours du ministre. Est-il plus exact? Le lec-
teur jugera, quand je lui aurai soumis les faits
qui se rapportent à chaque assertion.

« Au commencement du mois de juin, est-
» il dit, l'autorité judiciaire procéda à une per-
» quisition au domicile du sieur Goyet, qui ha-
» bite au Mans. Depuis, par la suite de diffé-
» rens renseignemens recueillis, le ministre de
» la justice... fit connaître au procureur du roi
» qu'il paraissait convenable de procéder à de
» nouvelles recherches, etc. »

Le premier fait est vrai. Le 6 juin, un commissaire de police au Mans fit une perquisition
chez M. Goyet, lut sa correspondance, exami-
na nommément les lettres de M. de Lafayette

et les miennes, lettres renfermées dans un carton exposé à tous les regards. Il n'y trouva rien
de séditieux, les remit à leur propriétaire,
dressa un procès verbal et se retira. Mais d'où
vient que *le Moniteur,* en rapportant cette première perquisition, ne parle point de son résultat? Pourquoi ne dit-il pas qu'après investigation et lecture de cette correspondance, le
commissaire de police n'y avait rien trouvé de
séditieux? Comment se fait-il que l'agent porteur de la commission signée *Mounier* ait saisi
ces lettres déclarées innocentes? Comment ce
qui était irréprochable le 6 juin a-t-il été enle-
vé comme criminel le 23? Veut-on que j'ex-
plique ces contradictions? Mon explication sera sans réplique.

Lors des premières recherches faites chez
M. Goyet, l'on n'avait eu que le but général de
connaître, dans un moment où l'on s'aperce-
vait de la fermentation que l'on avait pris à
tâche d'exciter, les relations d'un citoyen dis-
tingué par une grande énergie, et jouissant dans
son département d'une confiance étendue et
méritée. Ce but n'était peut-être pas entièrement conforme à l'esprit d'une constitution li-
bre. Mais nous n'en sommes point à cela près,

et nous sommes façonnés à ces manières. On n'avait, du reste, point d'intérêt à trouver des délits où il n'y en avait pas, et de la sédition où il n'y avait que dévouement à la charte. De là l'impartialité du commissaire de police, et la restitution des pièces examinées, en les déclarant non séditieuses.

Il n'en était plus ainsi, lors de la seconde perquisition. Aux plaintes portées à la tribune contre des projets d'assassinat, par plusieurs députés, du nombre desquels j'étais, un ministre avait trouvé commode de répondre que nous étions des conspirateurs. Il fallait à cette assertion des preuves ou des excuses. On savait que nous étions en correspondance avec plusieurs citoyens du Mans. On imagina de se procurer nos lettres. On voulut les avoir pour les commenter à loisir. De là la rigueur de l'agent porteur de la commission signée *Mounier*. De là sa déclaration naïve que le commissaire du Mans n'avait l'ordre de saisir que les correspondances séditieuses, tandis que lui, sieur Pascal, avait l'ordre de saisir toutes les correspondances politiques, c'est-à-dire toutes les lettres où il était question de politique indistinctement.

2

J'observerai en passant que dix-sept jours s'étant écoulés entre la première et la seconde visite, M. Goyet, averti du danger qui menaçait ses correspondances, les aurait sûrement soustraites aux regards pour peu qu'elles eussent été équivoques. Il les a, au contraire, conservées à la même place, dans le même ordre, dans le même carton. Cette sécurité prouve suffisamment combien ces lettres étaient peu suspectes.

Voilà pour le moral de la chose. Venons au matériel des faits.

« Le ministre de la justice, dit le journaliste, » fit connaître au procureur du roi qu'il paraissait convenable de procéder à de nouvelles recherches. » Je n'ai pas de moyen de prouver l'assertion fausse. Cependant comment se fait-il que la commission signée *Mounier* portât l'ordre au sieur Pascal de se transporter au Mans pour *requérir* à son arrivée *simultanément* des visites domiciliaires chez les sieurs Goyet, Granger, Pacquier ou Pasquier, de requérir la saisie de toutes les *correspondances politiques*, de se les faire remettre et les apporter à Paris, de n'opérer dans tous les cas que sous la direction de M. le préfet, etc.? Si le ministre de la jus-

tice eût donné ses ordres directement au procureur du roi, quelle nécessité y aurait-il eu pour
M. Mounier de charger M. Pascal de *requérir*,
lui, des visites domiciliaires et des saisies? Le
procureur aurait probablement obéi à son chef
suprême sans l'ordre d'un agent de M. Mounier.

« Mais cet agent, dit *le Moniteur*, était en-
» voyé pour être à la disposition de M. le pro-
» cureur du roi. » D'où vient que le procureur
du roi, chargé d'une visite et d'une saisie par
le ministre de la justice, avait besoin d'un agent
de M. Mounier pour y procéder? « Cet agent,
» continue le journaliste, a en effet assisté à
» l'opération, » c'est-à-dire, il l'a dirigée; il a, lui,
agent envoyé par la police, pris, au mépris
d'une loi expresse, lecture de tous les papiers.
Il a choisi entre ces papiers ceux qu'il fallait
saisir et ceux qu'il pouvait rendre. En veut-on
la preuve? Je ne la tirerai pas de la lettre de
M. Goyet, bien que cette lettre signée finisse par
ces mots : « Je vous autorise à faire tel usage
» qu'il vous conviendra du contenu de la pré-
» sente, et des pièces y annexées, sur l'exacti-
» tude littérale desquelles vous pouvez comp-
» ter; » j'invoquerai un témoin qu'on supposera
plus impartial peut-être.

M. Pasquier juge au tribunal de commerce, déclare ce qui suit :

« Ces MM. (le procureur du roi, M. Pascal, » un substitut et un adjoint de police) ont pro- » cédé à l'inventaire. J'observe que M. Pascal » *seul* a pris connaissance de nos papiers. M. le » procureur du roi rédigeait à fur et mesure » le procès verbal. » (Voir la déclaration de M. Pasquier ci-après.)

Or, plusieurs articles du code d'instruction criminelle, et notamment l'art. 90, ordonnent « que le juge d'instruction présent ne pourra » être suppléé dans la lecture des écritures ob- » jet des perquisitions, et qu'à ce magistrat *seul* » appartiendra l'appréciation des écritures à » saisir. »

Voilà donc une violation formelle du code, violation commise par l'agent porteur de la commission signée *Mounier*, et d'après l'in- struction de M. Mounier. Maintenant, qui est responsable de cette infraction aux lois ? Le sieur Pascal ? Il a agi d'après les ordres de son direc- teur. M. Mounier ? Il n'est pas dans le cas de la responsabilité ministérielle, il ne peut être poursuivi sans la permission du conseil d'état, et sa qualité de pair le rend inviolable. M. Siméon ?

il n'a pas contre-signé l'ordre; rien ne prouve qu'il l'ait connu.

« Tous les papiers, poursuit l'apologiste de » la police, sont entre les mains de la justice ac- » tuellement. » Sans doute ils y sont : mais ce n'est pas la faute de l'ordre signé Mounier. Ces papiers devaient être remis à l'agent de la di- rection de la police, le procès verbal le con- state : « Vu les ordres donnés au sieur Pascal, » tendant à ce que tous les papiers saisis lui » soient confiés. » A la vérité tous ces ordres portaient qu'il remettrait ces papiers au mi- nistère de la justice. Mais puisque le procureur du roi était censé avoir requis la saisie, où était la nécessité que la police s'en mêlât, et qu'a- vait à faire M. Mounier dans une opération qui devait être essentiellement et purement judi- ciaire?

« Aucun mandat, aucun ordre, affirme *le* » *Moniteur,* n'a été donné par M. *Mounier,* » et nous venons de voir qu'il est question dans le procès-verbal des ordres donnés au sieur Pascal. M. Mounier les avait signés. Pour- quoi cette dénégation? Parce qu'on a senti tardivement l'irrégularité de cette interven- tion du directeur général de la police, quand

la justice devait agir seule. On a voulu voi-
ler cette intervention, on a voulu établir que
tout s'était fait par l'autorité de la justice.
Le Moniteur le dit en propres termes ; mais les
ordres avaient été exhibés, il en avait été fait
mention dans les procès-verbaux, et ainsi s'é-
croule tout l'échafaudage élevé dans l'espoir
de trouver une justification apparente.

« L'intervention de la police, poursuit-on,
» n'a eu pour objet que de seconder l'action
» de la justice. » Lire les lettres que la justice
seule devrait lire, décider des saisies dont la
justice *seule* devrait décider, est-ce seconder
son action? c'est bien plutôt se mettre à sa
place. C'est comme si des gendarmes dont la
mission est d'empêcher que des prévenus ne
prennent la fuite, se mettaient à juger ces prévenus.

Tout a été illégal, irrégulier, arbitraire dans
les mesures de M. Mounier, depuis l'envoi du
sieur Pascal, jusqu'à l'autorisation à lui remise de s'emparer des pièces saisies. Le sieur
Pascal a manqué aux lois en lisant des lettres dont la lecture n'était permise qu'au magistrat; il a manqué aux lois en essayant de
les emporter. Le tribunal a repoussé sa pré-

téntion ; mais c'est au tribunal qu'en demeure le mérite. Au sieur Pascal et au signataire de la commission, reste le délit.

Le Moniteur n'est pas plus heureux quand il veut prouver que les mesures prises au Mans ne constituent pas une violation du secret des lettres. Le secret des lettres est violé quand leur contenu est rendu public. La loi a voulu que même dans le cas de suspicion légitime, ce secret fût garanti par le caractère de la personne autorisée à les lire. Elle n'a donné cette faculté qu'au juge. L'agent de M. Mounier se l'est arrogé. Cet agent était un étranger, un intrus, il a violé un secret qui était sous la sauve-garde de la loi, il a encouru, ainsi que ceux qui l'ont fait agir, les peines prononcées contre cette violation.

« Mais il ne s'agit ici, dit *le Moniteur,* ni
» de lettres interceptées, ni de lettres déca-
» chetées. Si des lettres ont été saisies, c'était
» apparemment des lettres ouvertes. » Il s'en suivrait de cette distinction qu'il suffirait de s'emparer de lettres déjà reçues, pour être autorisé à en disposer. Quelle jurisprudence ! Heureusement, la cour de cassation, qui n'a pas les mêmes principes que la police, en a

décidé tout autrement. En 1816, un M. de Saint-Redon avait écrit à un sieur Dupuy, une lettre en chiffres. (Celles qui ont été saisies au Mans n'avaient point ce caractère suspect.) Les agens de la police saisirent cette lettre entre les mains de ce sieur Dupuy; elle était donc, à cet égard, dans le cas de celles qui ont été saisies au Mans. On voulut en faire la base d'une poursuite. L'avocat du sieur Dupuy (M. Odillon-Barrot) plaida que l'action de l'autorité ne pouvait s'étendre sur les lettres, qui devaient être à l'abri de toute investigation, et de toute poursuite criminelle. La cour de cassation, par un arrêté du 6 décembre 1816, accueillit cette défense, et consacra le principe. M. Mounier devrait étudier les arrêts de la cour de cassation, et relire les ouvrages et les opinions de M. son père. Il y verrait que, sous le rapport légal, la police ne doit pas s'emparer de lettres que les lois ont mises à l'abri de son action, et il y verrait de plus que sous les rapports de la délicatesse et de la morale, la police, quand elle fait une chose illégale, ne doit pas en commettre une autre plus condamnable et plus honteuse encore, celle de divulguer les secrets sociaux qu'elle est parvenue à découvrir. Car ici, il faut tout dire, l'action de la police a dans toute cette affaire été la réunion de toutes les irrégularités. On n'a rien trouvé dans les lettres saisies qui fournît une base à des accusations sérieuses, mais on a cherché à y recueillir des phrases qui servissent de prétexte à des commérages et à des plaisanteries. J'affirme que des phrases pareilles ont été répétées dans Paris, non pour *seconder* l'action de la justice, mais pour satisfaire la curiosité des habitués de quelques salons. Ces phrases, écrites dans l'intimité, je les ai entendu répéter par des hommes qui n'avaient pu les apprendre qu'en vertu du plus indigne abus de confiance. Ceci est beaucoup plus sérieux qu'on ne pense. La police qui se croit en droit de saisir nos lettres sous prétexte de les déférer à la justice, se donnera donc aussi l'amusement d'en répandre le contenu dans la société ! elle révélera sans but légal, sans motif judiciaire, nos relations, nos secrets, nos pensées ! Qui ne sent où cela peut tendre, que de désordres dans les affaires, que de divisions dans les familles peuvent résulter de cette trahison !

Il y avait aussi des lieutenans de police dans l'ancien régime; mais ils contenaient mieux leurs subalternes. Ils avaient et plus de réserve, et moins de légèreté.

Dans une réponse très-abrégée à l'article *du Moniteur,* que l'on vient de lire, j'avais rétabli une portion de ces faits; *le Moniteur* a voulu répliquer. Je vais transcrire encore sa réplique. On verra combien le rédacteur s'embarrasse, et à quels désaveux il est forcé de se résigner.

Second article du Moniteur du 30 juin.

« Ce n'est point l'officier de paix envoyé de
» Paris qui a requis les perquisitions qui sont
» l'objet des réclamations, mais c'est parce que
» ces perquisitions devaient avoir lieu, qu'un
» officier a été envoyé pour seconder l'action
» des officiers de justice du lieu, dans une re-
» cherche à laquelle la justice attachait de l'im-
» portance. Il ne faut point confondre *des in-*
» *structions* qui avaient dû nécessairement être
» données à cet agent de police, pour lui faire
» connaître ce qu'il aurait à faire sous la direc-
» tion de l'autorité judiciaire, avec des ordres
» de perquisition qui ne pouvaient légalement

» émaner que de cette autorité. Il est vrai que
» le sieur Goyet a prétendu s'opposer à la pré-
» sence de l'agent dont il est question; son op-
» position a été levée par l'autorité compétente.
» Elle a également prononcé sur la remise des
» papiers qu'elle a laissés à la disposition de
» M. le procureur du roi. On ne pouvait con-
» clure de ce que la personne dont les papiers
» ont été saisis, n'a pas été arrêtée, qu'il n'y
» avait point de prévenu. La justice recherche
» des trames dont elle soupçonne l'existence.
» Des prévenus sont sous sa main; elle a lieu
» de supposer que des papiers déposés chez des
» individus, qui ont entretenu des rapports avec
» ces prévenus, peuvent être utiles à la mani-
» festation de la vérité, elle ordonne les perqui-
» sitions convenables; et au lieu de commencer
» par user de mesures rigoureuses, elle préfère
» attendre le résultat de l'examen des pièces
» qui peuvent servir à démontrer l'innocence,
» aussi bien que la culpabilité de ceux chez les-
» quels ces perquisitions ont été faites. »

Observations sur cet article.

« Ce n'est point l'officier de paix envoyé de
» Paris qui a requis les perquisitions »; mais

l'ordre signé *Mounier* enjoignait positivement au sieur Pascal de requérir la perquisition et la saisie. « Cet officier avait été envoyé pour » seconder l'action des officiers de justice du » lieu dans une recherche à laquelle la justice » attachait de l'importance. » J'ai déjà dit que, sous le prétexte de seconder l'action de la justice, le sieur Pascal avait tout fait, tout lu contre la loi, tout saisi d'après sa décision propre, qu'il n'avait rien laissé à faire à la justice : il ne l'a donc point secondée; il s'est mis à sa place. La justice a été spectatrice, et la police a usurpé ses fonctions. Quant à l'importance attachée à la recherche, je ne doute point de cette importance. Quand on a calomnié des députés, on met de l'importance à trouver de quoi rendre la calomnie vraisemblable; mais le motif n'excuse pas le mode; et, parce que ce motif est honteux, il ne s'ensuit pas que ce mode puisse impunément être illégal.

« Il ne faut point confondre des instructions » avec des ordres. » L'ingénieuse distinction ! Mais le procureur du roi déclare qu'il agit vu les *ordres* et instructions à lui transmis, et *ceux donnés* au sieur Pascal. *Ceux,* il est bien question des ordres : pourquoi donc ce nouveau mensonge du journaliste? C'est que dans le premier article du *Moniteur*, on avait imprudemment affirmé qu'aucun ordre, aucun mandat n'avait été donné par M. le directeur général de la police : et comme, pendant que la tribune subsiste, les assertions fausses sont en péril, on a voulu courir après celle-ci, et l'on a imaginé que des instructions ordonnant à un agent de requérir, n'étaient pas des ordres; tout cela serait pitoyable si la liberté, la sûreté, les droits des citoyens n'étaient pas essentiellement blessés.

« L'autorité compétente a prononcé sur la » remise des papiers. » Sans doute, mais ce n'est pas la faute de M. le directeur général. Il avait pris toutes ses mesures pour que ce fût son agent qui emportât les papiers. Il le lui avait prescrit formellement dans ses instructions qui n'étaient pas des ordres. C'est le tribunal du Mans qui a refusé d'obtempérer aux *ordres* renfermés dans ces instructions. On dit que néanmoins M. le procureur du roi a pris sur lui d'envoyer copie des lettres, et que cette copie a dû arriver à Paris le 28 juin. L'indiscrétion dont j'ai parlé, les phrases qui circulent, et qui n'ont trait qu'à l'attachement d'un des députés de la Sarthe pour des citoyens de ce département, me prouvent que la chose est vraie. Mais enfin M. *Mounier* s'était arrogé le droit de prononcer sur le sort des papiers saisis. Il avait mal prononcé, puisque la décision de la justice a été différente. Ce n'est donc, certes, pas à lui à se faire un mérite de ce que l'autorité compétente a décidé. Il avait, lui, autorité très-incompétente, décidé avant l'autorité compétente, et tout autrement.

« On ne peut conclure de ce que la personne » dont les papiers ont été saisis, n'a pas été ar- » rêtée, qu'il n'y ait point de prévenu. » A la bonne heure; moralement je suis sûr que la correspondance de M. Goyet ne contient rien que de légitime ; mais je ne puis rien affirmer légalement sur une correspondance que je n'ai point vue. En attendant, je prie MM. Pascal, Mounier, et de Serre, de m'éclairer sur la question suivante. La justice ou la police, ou toutes les deux, comme ils le voudront, sont à la recherche de certaines trames. Il y a des prévenus ; elles ont saisi des papiers déposés chez des individus qui ont entretenu des rapports avec ces prévenus. J'admets tout cela ; mais la correspondance des députés de la Sarthe est parmi ces papiers. Ces députés sont-ils ou ne sont-ils pas au nombre des prévenus? S'ils sont au nombre des prévenus, il faut les mettre en jugement ; il faut les y mettre aujourd'hui ; il faut demander l'autorisation des chambres ; il ne faut pas leur laisser un privilége scandaleux, que la charte a indiqué le moyen de faire cesser, et il ne faut pas non plus, en attendant l'époque où ils seront privés de la juridiction préalable de la chambre, se réserver le bénéfice d'une perfidie non moins scandaleuse. On a commencé tant, de discours éloquens à la tribune, en disant qu'on voulait agir avec franchise et loyauté. Il ne faut pas suivre une marche également astucieuse et déloyale. Ces députés ne sont-ils pas au nombre des prévenus, leurs lettres alors n'ont rien de commun avec les rapports que les individus chez lesquels elles ont été saisies ont pu entretenir avec les prévenus. De quel droit garde-t-on ces lettres? Elles sont la propriété de celui qui les a reçues ou de ceux qui les ont écrites. Les avoir saisiés est un attentat : les garder serait un vol.

Quand je parle des lettres des députés de la Sarthe, ce n'est pas que je veuille insister sur la qualité de député. Je ne veux d'impunité pour personne. Les députés n'ont pas plus le droit de conspiration que les ministres n'ont le droit de calomnie. Les députés de la Sarthe ne sont ici que de simples citoyens, mais de simples citoyens attaqués dans leurs droits, blessés dans une sorte de publicité illégale donnée à leur correspondance, publicité occulte, si on peut s'exprimer ainsi, puisqu'elle se borne à la circulation de leurs lettres parmi les agens de la police et leurs affidés. Si ces citoyens sont prévenus, la loi prescrit les moyens de les atteindre; s'ils ne le sont pas, la loi ne permet pas de garder leurs lettres: les détenir serait un délit.

Ici, une circonstance me frappe. Parmi ces députés, il en est un dont les lettres ont été rendues. D'où vient cette différence? ces lettres étaient-elles plus innocentes que celles de ses collègues? Alors il y a culpabilité dans ces derniers; et si le ministre chargé de l'administration de la justice ne demandait pas aux chambres l'autorisation de les poursuivre, il y aurait prévarication dans ce ministre. Les lettres gardées n'étaient-elles pas plus coupables que les lettres rendues? Alors il y a arbitraire dans les actes du sieur Pascal; et cet arbitraire est un délit dans le signataire des ordres dont le sieur Pascal était porteur.

J'ai dit qu'indépendamment des discours des ministres et des articles du *Moniteur*, il avait paru dans *le Journal de Paris* trois longues dissertations qui tendaient, comme les autres compositions officielles, à obscurcir les faits et à déguiser la vérité; mais je n'entrerai pas, à l'égard de ces inventions en sous-ordre, dans une réfutation détaillée : bien que la feuille qui les contient appartienne essentiellement à la police, son autorité n'est pas avouée, et ce serait du temps mal employé qu'une heure consacrée à examiner les assertions d'agens subalternes habitués dès long-temps à être payés et démentis par leurs maîtres.

Le temps me presse, et je finirai par présenter aux lecteurs trois pièces qui compléteront la preuve des illégalités et des vexations que j'ai annoncées.

Perquisition faite le 23 juin 1820, chez M. Pasquier-Ruillé, négociant au Mans, par M. le procureur du roi; M. Pascal, officier de paix, un substitut et un adjoint de police. (N. B. M. Pasquier est juge au tribunal de commerce.)

Faits. Sur les neuf heures du matin, ces messieurs se sont présentés à la porte de notre cabinet; mon père était alors occupé dans ses magasins. Après leur avoir demandé le but de leur visite, M. le procureur du roi me dit que, d'après *les ordres dont ils étaient porteurs,* ils venaient à l'effet de visiter tous nos papiers. Avant de commencer leur opération, je leur ai demandé s'ils allaient me laisser copie du procès verbal, ainsi que de l'ordre dont ils étaient porteurs. *Réponse.* Non; mais je vous en donnerai connaissance toutes les fois que vous m'en requerrez. J'ai observé à M. Pascal que sans doute il ne visiterait pas mes livres de commerce. *Réponse. Que s'il le jugeait à propos, il y verrait.* Mon père étant arrivé, ces messieurs ont procédé à l'inventaire comme ci-dessous. J'observe que M. Pascal *seul* a pris connaissance de nos papiers. M. le procureur du roi rédigeait à fur et mesure le procès-verbal. 1ᵉʳ carton intitulé : *Correspondances contenant les lettres de l'année.*

Pendant cette opération, le facteur est arrivé nous apportant une lettre de Paris, dont ces messieurs *ont de suite pris connaissance.*

2ᵉ. carton intitulé : *Billets et factures acquittés.*

3ᵉ. carton intitulé : *Quittances et reçus.*

4ᵉ. carton intitulé : *Comptes courans.*

5ᵉ. carton intitulé : *Lettres de voiture,* dans lequel s'est trouvé un tableau de l'administration du district du Mans, daté de l'an 2 de la république, qui fixait le prix de toutes les marchandises ; sur quoi, M. Pascal, en lisant, dit : *C'était pourtant dans le temps de la liberté qu'on forçait les négocians à vendre leurs marchandises à tel ou tel prix.* Je lui ai répondu : *Non, mais celui de l'anarchie où l'on prenait des mesures arbitraires comme aujourd'hui.*

Les cartons ainsi visités, ces messieurs se sont fait ouvrir un tiroir renfermant plusieurs papiers, et particulièrement une liasse ne contenant que des contrats d'acquisitions et ventes, plus un cahier intitulé *biens affer-*

més à divers, que M. Pascal à visité jusqu'au bout; après cette opération je les ai engagés à prendre connaissance de toutes nos liasses de papiers qui datent depuis une vingtaine d'années, ce qu'ils n'ont pas jugé nécessaire. J'observe que c'était particulièrement les lettres de Paris que M. Pascal lisait avec plus d'attention.

Ayant terminé la visite du cabinet, M. Pascal a *ordonné* à mon père de le conduire dans son appartement, où ils ont fait ouvrir tous les placards ainsi que les meubles s'y trouvant; mon père les ayant engagés à passer dans les autres appartemens, ils ne l'ont pas jugé nécessaire. J'observai à M. *Pascal* que si nous avions une correspondance cachée nous ne la laisserions pas dans notre cabinet, qu'ainsi je l'invitais à faire des recherches dans nos magasins, ce à quoi il ne m'a rien répondu.

Ces messieurs étant revenus dans le cabinet, M. le procureur du roi y termina la rédaction du procè sverbal; sur quoi je lui ai réitéré ma demande d'une copie dudit procès verbal, ainsi que de l'ordre dont il était porteur : on m'a répondu comme la première fois, qu'on ne m'en laisserait aucune. Après avoir signé le procès verbal, conjointement avec M. Pascal, ces messieurs se sont retirés.

Certifié véritable, au Mans, ce 1er juillet 1820.

Signé PASQUIER fils, avec paraphe.

Une première chose, ce me semble, est à remarquer dans cette déclaration, c'est le refus qu'a éprouvé M. Pasquier lorsqu'il a demandé copie du procès verbal et de l'ordre dont le sieur Pascal était porteur. Quand les ordres sont réguliers, craint-on d'en donner copie? quand les actes sont légaux, s'efforce-t-on d'en effacer les traces? non; mais quand il y a illégalité, l'on trouve commode de mettre les citoyens que l'on a vexés, hors d'état de constater les vexations que l'on s'est permises.

Je demanderai ensuite à tous les négocians, à tous les gens d'affaires, à tous les commerçans ou capitalistes, auxquels il importe que leurs opérations, leurs créances, leurs dettes, en un mot leur bilan ne soit pas divulgué, ce qu'ils pensent de l'investigation du sieur Pascal, et de la brutale réponse de ce subalterne, qu'il verrait les livres de commerce s'il le jugeait à propos, et de cet examen des lettres de l'année, billets et factures acquittés, quittances reçues et comptes courans, lettres de voiture, créances, baux et biens affermés, de sorte qu'un agent de police est actuellement parfaitement initié dans l'état de fortune d'un négociant, dont il pourrait, s'il y avait quelque intérêt, ébruiter, contrarier, frustrer les opérations. Je leur demanderai ce qu'ils pensent de cette lettre arrivant de la poste et décachetée, fait qui constitue en état de mensonge *le Moniteur,* quand il affirme que rien n'a été décacheté ni intercepté, et de l'insolente familiarité du même sieur Pascal, qui, tout en fouillant dans les notes commerciales, oblige ceux qu'il vexe à écouter sa conversation, genre d'humiliation qui n'est infligé par aucune loi. Il y a dans toutes ces mesures, dans toutes les formes qui les accompagnent, un tel mépris pour la dignité des citoyens, pour les principes de la charte, pour les garanties qui avaient été promises, que l'on ne sait vraiment vers quel temps on marche ou à quel temps on est reporté.

Extrait d'une Lettre de M. Goyet, adressée aux Journaux et refusée par la censure.

Le Mans, 1ᵉʳ juillet 1820.

Le Moniteur du 29 juin, n°. 181, dit, en parlant des perquisitions et saisies de papiers faites dans mon domicile : *Aucun mandat, aucun ordre n'a été donné par M. le directeur général de la police....... Il ne s'agit ni de lettres interceptées, ni de lettres décachetées.*

Lorsque le sieur Pascal, agent de la police, se présenta chez moi, il m'exhiba un ordre signé *Mounier;* cet ordre ne portait pas d'autre signature. Le sieur Pascal refusa de m'en délivrer copie. M. le juge d'instruction a mentionné et analysé cet ordre dans le procès-verbal que j'ai signé, parce qu'il contenait mes protestations. C'est l'agent de police qui a tiré les lettres du carton, les a lues, les a paraphées, en a requis la saisie et demandé qu'elles lui fussent remises pour les emporter à Paris.

J'ai inutilement demandé la copie du procès verbal; je l'aurais fait imprimer; j'en donne des extraits dans un mémoire imprimé, que vous portera le premier courrier.

Le 7 juin, la première perquisition chez M. Granger, négociant au Mans, se fit à trois heures après midi, heure de l'arrivée du courrier de Paris. L'officier quartier-maître de la gendarmerie était au bureau de la poste; le directeur lui *confia* une lettre à l'adresse de M. Granger. Cette lettre fut remise à M. le procureur du roi, qui la décacheta, en prit lecture, la parapha, la fit parapher par M. et Mme. Granger, et l'annexa au procès-verbal.

Le Moniteur a donc écrit à tort : *il ne s'agit ici ni de lettres interceptées, ni de lettres décachetées.*

Si ces faits sont faux, le ministère public peut me poursuivre comme calomniateur, je trouverai mes preuves dans les procès verbaux de perquisitions. Si la censure s'oppose à l'insertion de la présente, je me croirai en droit d'écrire que *le Moniteur* a le monopole du mensonge.

J'ai l'honneur de vous saluer.

L'agréé au tribunal de commerce du Mans,

Signé GOYET.

Lettre du préfet de la Sarthe à M. Goyet.

Le Mans, 5 juillet 1820.

M. le directeur général de la police, à qui vous avez écrit pour lui demander de vous faire remettre les papiers qui ont été saisis lors de la visite qui a été faite chez vous par M. le juge d'instruction, en vertu d'un réquisitoire de *M. le procureur du roi,* me charge de vous faire connaître, monsieur, que les papiers dont il s'agit étant à la disposition de la justice, ce n'est point à lui qu'il appartient de prononcer sur cette demande.

J'ai l'honneur d'être, monsieur, votre très-humble et très-obéissant serviteur, le préfet,

Signé BELLILE.

Une seule observation me semble nécessaire sur les deux pièces qu'on vient de lire, et comme je l'ai déjà faite, je me bornerai à la rappeler.

Si nous ne sommes pas des prévenus, de quel droit retient-on nos lettres? Si nous sommes des prévenus, de quel droit ne nous met-

on pas en jugement? Il ne suffit pas de calomnier les gens à la tribune, en leur opposant la
clôture quand ils veulent répondre. Il ne suffit
pas de les calomnier dans les journaux, en leur
opposant la censure quand ils veulent répondre. L'opinion fait justice de ces manœuvres,
et l'on sait quelle épithète la chambre a fait
insérer et maintenir dans son procès verbal
contre un de ses membres, pour une accusation entièrement semblable par sa fausseté aux
accusations portées contre nous.

Conclusion.

J'ai terminé une tâche aride et fastidieuse :
un sentiment de devoir envers des citoyens
auxquels je dois une nomination honorable
me l'avait imposée. J'y voyais d'ailleurs une
utilité plus générale; car quel est le département, quel est l'individu qui soit à l'abri des
vexations qu'ont éprouvées des habitans re-
commandables d'une ville distinguée par sa
tranquillité, son amour pour la charte, son attachement aux lois? Je ne me suis point dé-
guisé ce qui résultera sûrement pour moi de

la publicité importune que je donne à des faits qu'on voulait envelopper de ténèbres. Il n'y a plus ni frein pour la calomnie, ni pudeur dans les accusations. La diffamation que n'a pu empêcher la tribune qui retentissait dans toute la France, la tribune fermée la permettra dans toute sa latitude. J'invoque le souvenir de ce que j'ai fait, j'espère que la partie constitutionnelle de la nation n'oubliera pas qu'il n'y a plus de liberté de la presse, qu'aucun moyen d'explication, de réfutation, de réclamation, n'est laissé à ceux que la censure livre aux bêtes féroces, comme les empereurs livraient aux bêtes féroces les captifs désarmés. Nous entrons dans une carriére d'où toute publicité est bannie, pas un mot de vérité ne pourra être imprimé. [1] Chaque fraction de

[1] Je lis dans *le Journal de Paris,* du 9 juillet, les phrases suivantes : « Aucune plainte légitime n'est interdite, aucun conseil loyal n'est repoussé, aucune opinion constitutionnelle empêchée de se produire. » Ces choses s'impriment dans un moment où pas une plainte ne peut se faire entendre (la preuve en est dans le refus opposé par la censure à l'insertion de la lettre de M. Goyet), où pas une opinion qui n'est pas dans le sens ministériel, n'obtient d'être soumise au

la France, isolée du reste, ignorera ce qui aura lieu tout près d'elle. Des journaux mensongers circuleront seuls d'une extrémité du royaume à l'autre. Je compte, et pour moi, et pour tant d'amis honorables qui ont fait leur devoir, sur cette défiance de l'opinion éclairée contre tout ce qui vient d'une source impure : défiance que la loyauté prescrit, et que l'expérience de chaque jour autorise.

La tribune se rouvrira dans peu de mois; elle se rouvrira peut être plus puissante que jamais; car une espérance nous est accordée, celle du renouvellement complet de la chambre. Une chambre nouvelle jugera impartiale-

public, où la censure raie les observations les plus modérées, poursuit les théories les plus innocentes, supprime les faits les plus notoires. De son côté, un ministre a dit récemment à la tribune, qu'en faisant insérer par ordre dans tous les journaux des articles non officiels, le gouvernement prenait la France pour juge. Quelle manière d'instruire un procès, en parlant tout seul et en condamnant au silence sa partie adverse! Jamais on n'insulta plus manifestement à la vérité; jamais, en présence d'une nation témoin de ce qui est, on n'affirma plus hardiment ce qui n'est pas. Qui donc croit-on tromper? à qui veut-on faire illusion sur l'évidence? Ce luxe de fausseté, qui ne donne le change à personne, m'est inexplicable.

ment la conduite des ministres, parce qu'elle ne sera solidaire de l'adoption d'aucune de leurs mesures. Une chambre nouvelle, formée d'élémens nationaux (et malgré toutes les manœuvres qu'on prépare, le courage des électeurs pourra composer ainsi la nouvelle chambre), sera compétente pour prononcer sur des actes qu'elle n'aura jamais approuvés.

Que les électeurs s'empressent donc de se concerter et de s'entendre. Sous un gouvernement représentatif, le concert des citoyens qui ont le droit d'élire est très-légitime. Nul ne peut l'empêcher. Que les électeurs suppléent par leurs efforts aux lumières que l'absence de toute publicité leur enlève; qu'ils adoptent pour premier principe de ne pas croire un mot de ce que les journaux leur diront et sur les choses et sur les hommes. De ces journaux, les uns sont vendus, les autres esclaves. Ceux qui ne sont pas vendus sont forcés de se taire : ceux qui parlent mentent.

Les électeurs auront surtout une ruse à déconcerter. Si les calomnies ne les détournent pas des choix qu'ils préfèrent, on leur dira que les objets de ces choix seront nommés ailleurs : ils liront peut-être dans les feuilles publiques des nominations supposées, et comme les ennemis des élections libres dirigeront leurs efforts sur les points où le succès des candidats nationaux sera le plus probable, ces candidats, précisément parce qu'on aura persuadé à la France qu'ils seront nommés partout, pourront n'être nommés nulle part. Que chaque département, que chaque arrondissement suive donc sa route, sans s'inquiéter des bruits d'alentour; qu'il nomme le candidat de son choix comme si le citoyen qu'il veut pour député ne pouvait être nommé que par lui. Si des nominations doubles ont lieu, la distance est plus rapprochée que sous la loi du 5 février; l'époque où les députations doivent se compléter est fixée, et l'inconvénient d'une convocation réitérée est moindre que celui d'une mauvaise nomination.

Quant à nous, qui avons lutté jusqu'au dernier jour, notre conscience et l'approbation qui nous entoure sont notre récompense.

Menacés le 3 juin, dénoncés mensongèrement [1] le 5, nous appelons l'examen le plus

---

[1] Je me suis vu forcé de me servir dans cet écrit du mot de mensonge, qui n'est pas dans mon lan-

sévère sur notre conduite publique et privée. Nous défions nos accusateurs ; et à l'exemple de la chambre des députés elle-même, si nos dénonciateurs gardent le silence, nous les déclarons calomniateurs.

gage habituel. Voici ce qui m'a semblé rendre cette expression convenable. Un ministre, en réfutant un député le 10 juin, a dit que ses assertions étaient fausses et mensongères; il a répété ces mots trois fois, et il les a reproduits dans une réimpression de ses discours, insérés par ordre dans les journaux. J'en ai conclu que le mot de mensonge était un mot parlementaire, et je l'emploie dès lors sans scrupule. Ce qu'un ministre dit d'un député, un député peut le dire d'un ministre. Tout consiste à savoir lequel a raison.

FIN.

www.ingramcontent.com/pod-product-compliance
Lightning Source LLC
Chambersburg PA
CBHW061328060726

47596CB00003B/1140